SOUVENIRS

D'UN

VOYAGE A MOGADOR

(1859)

PAR

M. PAUL-EUGÈNE BACHE

MEMBRE DE LA SOCIÉTÉ ARCHÉOLOGIQUE DE CONSTANTINE ET DE LA SOCIÉTÉ
HISTORIQUE ALGÉRIENNE

EXTRAIT DE LA *REVUE MARITIME ET COLONIALE*
(JANVIER-FÉVRIER 1861)

PARIS

IMPRIMERIE DE CH. LAHURE ET Cie

RUES DE FLEURUS, 9, ET DE L'OUEST, 21

1861

SOUVENIRS

D'UN VOYAGE A MOGADOR.

(1859)

EXTRAIT DE LA *REVUE MARITIME ET COLONIALE*
(JANVIER-FÉVRIER 1861)

Le 22 juin, vers six heures du matin, nous nous embarquâmes à Tanger, sur la corvette à vapeur de guerre *le Caïman*. Ce navire, à bord duquel se trouvaient une compagnie de spahis sénégalais, des chevaux et des munitions, avait pour double mission de toucher à Mogador, résidence de plusieurs consuls européens, afin d'y déposer et d'y installer un nouveau consul de France, et de poursuivre sa route jusqu'au Sénégal.

Le 25, à midi, nous jetions l'ancre en vue de la ville de Mogador. Un enseigne se rendit à terre pour traiter du salut, chose, comme on sait, fort importante suivant les lois maritimes. Au retour de cet officier, la corvette fit une salve de vingt et un coups de canon.

Les *tobdjis*, canonniers ou artilleurs indigènes des forts de la ville, soit qu'ils eussent mal compté, soit qu'ils ne voulussent pas rester en arrière de politesse, répondirent par vingt-deux coups de canon. Un grand nombre de Maures, attirés par le bruit et la curiosité, étaient accourus à la porte de la Marine (*Bab-el-Bahar*, la porte de la mer) et bordaient la plage.

La descente à terre du consul, du commandant du *Caïman* et de son état-major, et de quelques passagers qui, comme moi, devaient séjourner à Mogador, s'effectua immédiatement et sans aucune espèce de formalité. Une vingtaine de soldats du *pacha* ou gouverneur de la ville, presque tous armés de fusils de fabrique anglaise, semblaient attendre, sous la voûte de la porte de la Marine, que nous fussions débarqués, pour nous servir de guides en même temps que d'escorte d'honneur. A notre approche, ils se formèrent sur une seule ligne, et on se mit en marche vers la kasbah, où le gouverneur devait recevoir le nouvel agent consulaire.

Arrivés à ce palais-citadelle, dont toute ville musulmane du nord de l'Afrique, si mince qu'elle soit, se croit obligée d'être pourvue, nous trouvâmes, sur une place ou cour intérieure de forme au moins irrégulière, une troupe de soldats marocains portant l'arme au bras et paraissant se soucier fort peu des lois stratégiques de l'alignement. A l'un des angles de cette place, près de la porte du bâtiment de la douane, le pacha, les deux kadis et cinq ou six autres personnages, étaient accroupis sur un banc de pierre, les jambes croisées à la façon orientale, fumant de longues pipes et buvant du *thé*. Cependant, à l'approche du consul, le pacha se leva. Les soldats marocains s'inclinèrent alors profondément, tout en conservant l'arme au bras : manœuvre militaire qui, malgré la gravité du lieu et de la circonstance, excita la surprise et l'hilarité de tous les assistants ; un fou rire gagna les officiers de marine eux-mêmes.

Le pacha, suivi du consul, du commandant et de l'état-major du *Caïman*, entra dans une cour de la douane. Là, on prit séance sous un hangar (qui n'a de commun que le nom avec le fameux *hangar* ou *salon des miroirs* de l'ancienne kasbah d'Alger, et dans lequel quatre-vingts pendules sonnaient midi durant une heure), et on s'assit un peu au hasard sur des siéges préparés à la hâte, consistant en quelques caisses de colis vides, renversées et recouvertes de mauvais tapis de jonc. Après l'échange des compliments d'usage (traduits par un interprète juif) entre le pacha et le consul, celui-ci, avec sa suite, fut accompagné par le commandant et l'état-major du *Caïman* jusqu'à la maison consulaire.

Trois heures environ après la *cérémonie* de réception et d'installation du nouveau consul de France, la corvette avait dérapé et continuait sa route pour le Sénégal.

Mogador, ou plutôt *Soueïra*, située sur l'océan Atlantique, fut fondée, vers 1760 de notre ère, par l'empereur de Maroc Sidi-Mohammed, petit-fils du fameux Muley-Ismaël, sur l'emplacement d'un ancien château-fort construit par les Portugais. On assure que ce prince bâtit cette ville, naguère florissante, à la suite d'une révolte des gens d'*Ayadir* ou Sainte-Croix (*Santa-Cruz* des Portugais), dont il prit et saccagea la cité et transféra les habitants à Soueïra, dans l'intention de faire de ce nouveau point maritime le chef-lieu du commerce marocain et le principal entrepôt des marchandises d'exportation pour l'Europe. Elle devint la ville de prédilection des empereurs du Maroc, qui la nommèrent *Soueïra-el-Aziza* (la miniature chérie); ce fut bientôt aussi celle de leurs possessions maritimes qui leur donna les revenus les plus considérables.

Mogador s'élève, blanche et coquette, au milieu d'une vaste lande de sable qui s'étend à dix lieues dans l'intérieur, et qui, sur la côte, se prolonge pour ainsi dire jusqu'au cap Spartel, tant les terres y sont basses. Comme la plupart des villes musulmanes de l'Afrique septentrionale, elle affecte la forme d'un vaste triangle, dont la base s'appuie à la mer; mais elle se distingue de toutes les autres par la régularité générale de sa construction et par l'alignement de ses rues : circonstance qui paraîtra moins étonnante si on se reporte à la date de sa construction, et si on se rappelle qu'elle fut édifiée sur le modèle des cités européennes du Midi.

Sidi-Mohammed, en fondant la plus jolie ville de son empire, semble en avoir disputé l'emplacement au double océan de sable et d'eau qui l'enveloppe et la presse de tous côtés. Il jeta les premiers fondements des remparts qui défendent Soueïra, et les chargea d'artillerie. Plus tard, un mur d'enceinte, haut de sept à huit mètres et couronné de créneaux, entoura complétement la ville. A l'angle nord-est de l'enceinte, s'élève une petite tour ronde, appelée *Bordj-el-Bermil* (fort de Bermil). De ce point à l'angle sud-ouest, s'étend la ligne des fortifications de la marine, protégée par une ceinture de rochers contre lesquels la mer, en toute saison, se brise avec fracas; là est établie une batterie portant le nom de *Skalat-el-Kasbah*. La partie du front de l'enceinte qui fait face à la rade est protégée par une grande batterie, dite *El-Ouárdianin*, à chaque extrémité de laquelle sont deux forts carrés encadrant la porte de la Marine. L'un de ces forts se trouve bâti sur un îlot, qui est uni à la batterie par un pont en pierre à plusieurs arches; un peu plus loin, sur une autre roche, entièrement isolée, s'élève le *Bordj-Dziza-Sriva*, destiné à défendre l'entrée de la passe; enfin, plus au large, à quinze cents mètres environ dans le sud-ouest, l'île de Mogador présente sa formidable ceinture de batteries. Défendue du côté de la mer, par ce vaste système de fortifications, Soueïra s'abrite, du côté de la terre, derrière des remparts élevés, capables d'arrêter les incursions des Arabes, qui, dans l'espoir du pillage, sont venus plus d'une fois l'assiéger.

En dépit des bourrasques de terre et de mer, cette ville s'est élevée rapidement, au milieu même de l'incessante mobilité des sables et des eaux. Des monticules sablonneux, journellement tourmentés par les vents, coupent seuls, du côté de la terre, la monotonie de l'aspect du site environnant : triste compensation à l'absence complète de toute végétation! La première chose qu'on aperçoit au loin sont quatre minarets qui s'élancent hardiment des quatre mosquées de la ville, et du haut desquels les *moueddins* ou crieurs appellent, aux heures canoniques, les fidèles aux cinq prières du jour ; de petites bannières, variant leurs couleurs suivant le rite, sont suspendues au mât de pavillon en potence qui surmonte chaque minaret, et servent également de signal aux musulmans.

Deux rues principales, se croisant à angles droits, coupent et divisent Mogador en trois quartiers ; au point de jonction de ces deux rues est une grande halle où se tient le marché aux grains (blé principalement). Chacun de ces quartiers forme une petite ville séparée, avec son enceinte de murs élevés et ses portes qui se ferment, tous les soirs, vers neuf heures. Le plus important est celui de la *Kasbah*, où résident le gouverneur, les Européens et les plus riches négociants ; c'est là aussi que le gouvernement a ses magasins, son service des douanes et le trésor public. Des deux autres quartiers, l'un, le *Mellah-el-Kedim*, est exclusivement habité par les juifs ; — c'est dire qu'il est peuplé de bouges infects ; — l'autre, le *Mellah-el-Djedid* (quartier neuf) ou *Médina* (la ville), large rue entre les maisons juives et le mur d'enceinte, est occupé par les Maures.

Le bombardement de Mogador par l'escadre française, au mois d'août 1844, est trop connu pour qu'il soit besoin d'en parler ici. Quelques mots seulement sur diverses particularités, peut-être ignorées ou oubliées, qui l'ont précédé, accompagné et suivi.

Un mois environ avant l'apparition de l'escadre, un vaisseau de guerre vint chercher le consul de France, dont le départ dut être dissimulé, par mesure de précaution, sous le prétexte d'une visite que cet agent allait faire à l'un de ses amis, malade à bord : le vaisseau mit à la voile, et le consul ne reparut plus dans la ville.

On sait que le jour du bombardement (15 août), les Marocains ouvrirent, les premiers, vers onze heures du matin, leur feu sur la ligne d'embossage des navires français, à l'entrée du port. Ceux-ci n'y répondirent qu'une heure plus tard. La canonnade s'engagea alors vivement de part et d'autre, et dura deux heures environ ; après quoi, tous les feux des batteries marocaines s'éteignirent successivement, à l'exception de ceux de l'île Mogador, qui dut être emportée d'assaut, à la suite d'un combat où assiégeants et assiégés donnèrent d'égales preuves de courage. L'escadre ne cessa, pendant vingt-six heures, de lancer sur la ville une pluie de boulets et d'obus. Aussi Mogador a-t-elle eu beaucoup plus à souffrir du bombardement que Tanger. Une grande partie des maisons s'écroulèrent sous les projectiles; mais telle est l'insouciance et l'incurie des habitants, que depuis cette époque nombre de ces maisons, plus ou moins endommagées, n'ont pas même été réparées. On voit encore rouler, dans certaines rues isolées, quantité de boulets de divers calibres, qui servent de jouets aux enfants.

A ce propos, on nous raconta un accident fâcheux qui eut lieu quelques mois après le bombardement. De jeunes enfants maures, ne sachant pas faire la distinction d'un boulet et d'un obus, s'amusaient à pousser du pied devant eux un de ces derniers projectiles, encore chargé, lorsque le feu s'y mit tout à coup et le fit voler en éclats meurtriers : plusieurs de ces malheureux furent tués ou blessés, ainsi que des passants inoffensifs, et les maisons environnantes furent affreusement saccagées.

Au pied des fortifications on voit encore quelques obus, probablement déchargés; mais depuis la catastrophe aucun indigène ne s'avise de s'approcher de ces terribles « machines qui vomissent la mort, tout en ayant l'air de dormir. »

Les batteries du port et les remparts de la ville faisant face à la mer ont été renversés et démantelés sur presque tous les points, et principalement au sud et à l'ouest. On s'est occupé assez activement de relever les remparts, car le gouvernement marocain a plus à craindre les invasions des Arabes qu'un nouveau bombardement de la part des puissances européennes. Les réparations des fortifications de la ville sont à peu près terminées aujourd'hui.

Pendant que les Marocains étaient occupés, du côté de la mer, à soutenir le bombardement, les Arabes, du côté de la terre, forcèrent une des portes et s'emparèrent de la ville, qu'ils gardèrent pendant quarante jours. Ils se livrèrent, notamment dans le quartier des juifs, à tous les excès et à toutes les violences. Les commerçants israélites, comptant sur l'occupation de Mogador par les Français après le bombardement, avaient conservé leurs marchandises dans la ville, au lieu de les envoyer à Marocco. Les Arabes rançonnèrent impitoyablement ces malheureux, enlevant, de jour et de nuit, tout ce qu'ils trouvaient dans les maisons, et jusqu'aux ferrures des portes et des fenêtres. Ils emmenèrent aussi dans les montagnes un grand nombre de juives, dont ils firent leurs femmes, après les avoir contraintes à changer de religion. Encore en 1846, Moulei-Sliman, le fils aîné de l'empereur actuel du Maroc, était occupé à soumettre, dans une province voisine, les Oudaïa, les Bouzia-Schellenk, les Bou-Hagger, les Ould-Djemâ, les Oumaïn, et plusieurs autres tribus, qui s'étaient rendus coupables du pillage de Mogador deux années auparavant, et qui avaient refusé de payer les amendes auxquelles l'empereur les avaient condamnés. Mais ces Arabes s'étaient réfugiés sur les hautes montagnes, et il y a lieu de croire qu'il dut être fort difficile au prince de les atteindre, de les combattre et de les réduire.

Un fort vent d'est règne presque constamment à Mogador. Il convient de faire remarquer que c'est aussi à l'est de la ville que s'étend la mer de sable, dont les vagues, menaçantes et sans cesse agitées, s'amoncellent incessamment autour des remparts; mais, au moment où elles sembleraient devoir engloutir ceux-ci, un tourbillon survient qui les emporte au loin. On attribue à la présence de ce vent impétueux dans ces parages les nombreuses ophthalmies qui sévissent sur la population, et particulièrement sur les juifs, dont le quartier, du reste, est plus voisin du désert de sable. Néanmoins, les femmes juives ne démentent pas, là plus qu'ailleurs, la beauté traditionnelle des filles d'Israël : elles ont, en général, une grande fraîcheur de teint, et la régularité grecque de leurs traits pourrait le disputer avec avantage aux plus jolies femmes d'Occident. On assure que c'est des femmes juives du Maroc que l'émir Abd-el-Kader avait coutume de dire, sous forme proverbiale :

> Il y a deux belles choses en ce monde :
> Les belles juives et les belles fleurs.

Outre le fléau des sauterelles, une des plaies d'Égypte, qui, s'étendant sur tout l'empire du Maroc, a plusieurs fois désolé la contrée (notamment pendant les années 1778 et 1780), la peste, apportée par des pèlerins revenant de la Mekke, exerça d'affreux ravages à Mogador, la première année de ce siècle ; les habitants en conservent encore le souvenir : le fléau fit périr quatre mille cinq cents individus, c'est-à-dire au moins la moitié de la population à cette époque.
On faisait au Maroc, il y a quelque quarante ans, une aussi prodigieuse consommation de *café* que dans les autres contrées musulmanes du Levant, c'est-à-dire qu'on en prenait à toutes les heures du jour et de la nuit. Dans le courant de l'année 1820, peut-être avant, les Anglais ayant fait à l'empereur des présents de *thé* (avec la manière de s'en servir), ce prince en offrit aux personnes de sa cour, et bientôt l'usage de cette boisson nouvelle se répandit, de proche en proche, jusqu'aux dernières classes de la société ; de telle sorte que, toutes choses égales d'ailleurs, on prend aujourd'hui autant de thé dans l'empire du Maroc qu'en Angleterre. Cette innovation, assurément surprenante chez un peuple aussi religieusement coutumier que le peuple maure, pourrait sans doute s'expliquer par une des formelles prohibitions du Koran, qui défend, comme on sait, l'usage des boissons fermentées capables d'enivrer, au nombre desquelles certains docteurs musulmans n'ont pas hésité à ranger le café ; mais il vaut mieux en faire honneur à la politique, à l'adresse mercantile des Anglais, qui, d'une part, maîtres de Gibraltar, d'autre part, en possession presque exclusive du monopole du thé qui se débite dans tout l'univers, ont su s'arranger de façon à écouler chez leurs voisins les Marocains ce produit exotique, qui forme une des riches branches du commerce britannique. Quoi qu'il en soit, il n'est guère de Marocain un peu aisé qui n'ait chez lui du thé à offrir, à toute heure du jour, aux personnes qui viennent lui rendre visite. Le thé se prend très-fort, rarement avec du lait, et le sucre se met en bloc dans la théière, avant de servir. Chaque habitant a dans sa maison un petit coffre, fermant à clef, exclu-

sivement destiné à contenir le thé et le sucre ; ce coffret est placé sur la natte ou le tapis, à l'endroit où le maître du logis a coutume de s'asseoir habituellement. Pas n'est besoin d'ajouter que les gens du Maroc ne savent s'approvisionner de sucre et de thé surtout que chez leurs bons amis les Anglais de Gibraltar. Mogador a suivi l'exemple des autres villes de l'empire, et l'usage du thé, remplaçant le café, s'y est promptement popularisé[1].

A une heure après midi, musulmans, chrétiens, juifs, tout le monde dîne à Mogador. La vie animale y est à très-bon compte, et le prix des denrées alimentaires de première nécessité n'y est jamais élevé. On a cent kilogrammes de blé pour cinq francs. Le pain de froment y est remarquablement bon. Chaque famille pétrit elle-même son pain, prépare son kouskoussou, son macaroni, ses gâteaux, etc. Une volaille coûte une *once* ; pour le même prix on a souvent quatre douzaines d'œufs de poule. On vend deux *blanquils* une pastèque ou un melon d'eau assez gros pour rassasier cinq ou six personnes[2]. Le gibier s'achète au prix qu'on en offre. Pour les préparations culinaires on se sert généralement de beurre ; mais il n'est ni battu avec soin ni préparé avec propreté, et il a toujours une odeur forte et âcre au goût, ce qu'il faut attribuer aux peaux de bouc dans lesquelles les Arabes ont

---

1. Dans une de nos études africaines (*Du café*), publiée il y a déjà quelques années, nous signalions aux ethnographes cette innovation au moins curieuse. Il paraît que depuis longtemps l'usage du *thé* a, en quelque sorte, envahi les populations du nord de l'Afrique, et que cette boisson a pénétré assez avant dans l'intérieur. En effet, M. de Colomb nous apprend, dans une notice sur les oasis du Sahara (*Revue algérienne et coloniale*, numéro de septembre 1860, t. III, p. 315), que « cette boisson chinoise, après avoir envahi le Maroc, importée par le commerce anglais, est arrivée jusqu'à Touat, et y est consommée en assez grande quantité par les classes aisées. » Grâces aux récentes explorations scientifiques, on connaît aujourd'hui le pays de Touat, limitrophe de l'empire de Maroc, dans la partie occidentale du petit désert ou Sahara algérien.

2. Les principales monnaies ayant communément cours au Maroc sont : le doublon d'or ou double pistole d'Espagne, qui vaut 19 fr. 75 cent. 25 mil. ; le ducat d'or (environ 11 fr.) ; la forte rixdale ou risdale d'argent (5 fr. 02 c.) ; le blankeel, blanquille ou blanquil d'argent (0 fr. 10 c. environ) ; la fluce (20e du blanquil) ; l'once, qu'on appelle aussi dirhem, vaut 0 fr. 40 cent. à peu près. Ces monnaies arabes, ou réelles, ou de compte, ou de change, portent généralement le nom de l'empereur d'un côté, et au revers on lit la date (millésime) et le lieu où elles ont été frappées, plus des légendes ordinairement tirées des versets du Koran. Toutes sont taillées sur le module rond.

conservé l'habitude de le pétrir; il y a, du reste, deux espèces de beurre : le *zebda* ou beurre frais, le *smen* ou beurre fondu et salé.

De toutes les maladies cutanées auxquelles les Arabes sont exposés par tant de causes, la gale est celle dont ils se donnent le moins de souci, ou, pour mieux dire, ils ne la considèrent point comme chose méritant attention. Aussi, n'est-il pas rare de voir des individus garder cette hideuse affection morbide pendant plusieurs années, et la propager au loin; du reste, elle finit par disparaître d'elle-même et sans le moindre traitement. Elle est commune à Mogador parmi les indigènes, en raison de leurs fréquentes relations avec les Arabes du dehors, et permanente dans la juiverie.

Pendant notre séjour à Mogador, le caïd Muleï-Mohammed, *mohtasseub* (inspecteur et collecteur des marchés), fut victime d'un indigne guet-apens : ces sortes d'événements se reproduisent d'ailleurs assez fréquemment dans les villes de l'Afrique septentrionale, et fournissent un spécimen des mœurs des habitants. Un vendredi, jour consacré, chez les musulmans, à la prière publique dans les mosquées, le caïd était occupé à faire ses ablutions, avant de se rendre au saint lieu, lorsqu'il fut tout à coup assailli et frappé de plusieurs coups de yataghan par un homme qui s'était caché dans sa maison. Le meurtrier parvint à s'échapper et à sortir de la ville; mais on mit quinze cavaliers à ses trousses, et deux jours après il était pris et puni de mort. Grâce à sa bonne constitution et aux soins qui lui furent immédiatement prodigués, le caïd ne tarda pas à guérir de ses blessures.

Quelques jours après, un officier indigène des *askars* (soldats réguliers de l'empereur) se présenta au consulat de France et voulut pénétrer dans la maison. Le Marocain de garde à la porte lui fit observer qu'on n'entrait pas ainsi, sans motif, dans la demeure du consul. L'askar ne trouva rien de mieux à faire que de se frayer un passage le sabre à la main, et dans la lutte il coupa un doigt à la sentinelle. L'agresseur, aussitôt arrêté, fut conduit devant le pacha, dont la demeure n'est pas éloignée de celle du consul de France. Le pacha, descendu sous le péristyle de son logis, prit séance, les jambes croisées, et se fit exposer longuement l'affaire. Le drogman du consulat insista pour qu'une punition exemplaire fût infligée au coupable et pour qu'il fût temporairement désarmé. Le gouverneur se fit en effet remettre le sabre du délinquant, et ordonna à un soldat marocain de le conduire en prison à la Kasbah. Mais trois autres askars étant survenus, le coupable, se croyant appuyé, refusa de marcher ; on parvint cependant à l'entraîner. Le pacha envoya chercher sur l'heure Sidi-Hadj-Hammo-ben-Douhed, général commandant les troupes de la place de Mogador, afin de rendre éclatante la réparation due à l'agent consulaire de la France. La bastonnade fut appliquée publiquement à l'askar, qui reçut soixante-quatre coups de bâton ; puis on le rejeta en prison, où il passa la nuit, et le lendemain le gouverneur intima l'ordre aux huit askars qui se trouvaient alors dans la ville, de rejoindre sur-le-champ leur camp, à Marocco.

Il y a quelques années, l'empereur Abd-er-Rahman, instruit par les revers qu'il avait éprouvés (notamment à la bataille d'Isly), et frappé de ce qui se faisait en Turquie, en Égypte, à Tunis, conçut le projet d'organiser un corps de troupes régulières : entreprise qu'il se flatta d'autant plus de pouvoir mener à bonne fin, que l'émir Abd-el-Kader lui-même, malgré sa vie errante, avait bien trouvé moyen de l'exécuter. Ce corps de troupes qui, dans le principe, se composait de deux mille hommes, est aujourd'hui réduit à douze cents, en raison des désertions ; on peut même affirmer qu'il n'en existe plus que les cadres. Les officiers et sous-officiers étaient presque tous des Maures de l'Algérie, des déserteurs de la première armée française d'occupation, des renégats espagnols ou des Arabes ayant fait partie des réguliers d'Abd-el-Kader. Le colonel, ex-officier tunisien, s'appelait Sidi-Mohammed ; le lieutenant-colonel, Bou-Derba, ancien négociant, avait pendant quelque temps habité Marseille. Un faible détachement de ce corps de troupes disloqué, commandé par un officier, sert de garde d'honneur au gouverneur de Mogador, et suffit pour faire trembler la ville au dedans et la protéger au dehors, comme l'ancienne milice turque de la régence d'Alger.

Nous eûmes occasion de voir plusieurs fois, à Mogador, un nommé El-Hadj-Abd-Allah, qui a eu l'insigne et rare honneur, pour un musulman, d'accompagner le caïd Taher-Fenish dans son ambassade en France, vers la fin du dernier siècle. On se souvient peut-être qu'à cette époque il prit fantaisie à l'empereur Mohammed de renvoyer au roi Louis XVI vingt esclaves français, dont la plupart avaient été enlevés sur les côtes de la Provence, par des corsaires de Salé. Non-seulement l'empereur renvoya les captifs sans demander de rançon, mais il joignit à cet acte tout gracieux un présent magnifique, consistant en six des plus beaux chevaux de ses haras, qu'il offrait au roi de France. Taher-Fenish et Abd-Allah arrivèrent à Marseille le 1ᵉʳ novembre 1777. Ils séjournèrent en France pendant près de cinq mois, et furent accueillis avec bienveillance à Paris et à la cour de Versailles. Abd-Allah est aujourd'hui un vieillard plus que nonagénaire; il a le teint très-brun, la barbe poivre et sel, et les sourcils encore noirs; malgré son grand âge, nouveau Chactas, sa conversation s'anime et ses yeux brillent de plaisir au souvenir de la France, de Paris, des femmes et des fêtes de Versailles. Il a encore deux femmes, une blanche et une noire, c'est-à-dire une Maure et une négresse. Il ne lui reste de sa nombreuse progéniture que six enfants, trois filles et trois garçons : l'aîné de ceux-ci a environ trente ans, le cadet seize, le dernier dix ; quant aux filles, comme il est impossible de les voir, il serait assez difficile de préciser l'âge de chacune d'elles.

Dans une maison située en face du consulat de France, où nous étions presque sans cesse, vint demeurer, pour quelque temps, un riche négociant de Fez, nommé Sidi-Abd-er-Rahman-el-Abbas, et ami intime de Ben-Dreïs, premier ministre de l'empereur. Ce négociant jouissait à Mogador d'une considération au moins égale à celle du gouverneur, en raison de l'influence qu'il possédait auprès du ministre. Il avait huit femmes. Le soir, à la nuit close, il nous est plus d'une fois arrivé, cachés que nous étions derrière les fenêtres de la demeure consulaire, de voir s'ouvrir mystérieusement la porte de la maison de l'opulent voisin : un nègre, armé d'une lanterne en papier huilé et de couleur sombre, paraissait sur le seuil, le nez au vent, explorant les environs ; puis huit fantômes blancs se glissaient silencieusement dans l'ombre ; un autre nègre, grand et robuste, fermait la marche, avec un énorme porte-respect au poing; c'était le *harem* de notre homme qui se rendait au bain[1]. Il

---

[1]. On confond trop généralement, et c'est à tort, la véritable acception de chacun de ces deux mots : *sérail* et *harem*. Sérail est tiré du mot turc *séraï*, qui signifie *palais*, et que l'on emploie en parlant des palais du sultan et des grands fonctionnaires de l'empire ottoman. Le *sérail* est pro-

donnait ses audiences dans la rue, assis sur un banc de pierre, au seuil de son logis. Quand un Maure passait par là, il ne manquait guère d'accourir vers Abd-er-Rahman, s'inclinait devant lui, lui baisait le turban, l'épaule, la main ou le genou, déférence qu'il est facile d'apprécier par la gradation ; si c'était un juif, celui-ci s'écartait le plus possible, rasant le mur de son épaule, se faisant petit, soit respect, soit crainte, et s'éclipsait promptement, ou bien il s'avançait en tremblant, se prosternait et baisait à plusieurs reprises les babouches du Maure, qui se laissait faire gravement. Lorsqu'un négociant indigène de la ville venait pour parler affaires, il commençait par baiser l'épaule ou la main de notre homme, puis il s'asseyait à l'autre bout du banc, et la conversation s'engageait. Si un négociant juif se présentait pour le même motif, il s'accroupissait à terre, sur ses talons, en face du Maure, et après lui avoir baisé le genou.

Les nègres du Maroc, race si allègre, si serviable, si bonne en Algérie, forment la plus abominable engeance qui se puisse voir dans le pays : encore plus fanatiques que les Maures, ils enveloppent dans la même haine tous les chrétiens.

Les négresses esclaves qui ont des enfants n'en vaquent pas moins, tant à l'intérieur qu'à l'extérieur de la maison du maître, à tous les travaux et à tous les soins domestiques :

---

prement le palais qu'habite l'empereur des Turcs, avec les princes mahométans, les hauts dignitaires, etc.; plus particulièrement encore, c'est la résidence du Grand Seigneur de Constantinople, résidence admirablement située à l'entrée du Bosphore. C'est moins un palais qu'un vaste assemblage de constructions irrégulières, renfermant dans leur enceinte beaucoup de mosquées, des jardins, etc. Près de dix mille personnes forment la population ordinaire du *sérail*. Le sultan n'a pas, seul, le privilége de posséder différents *sérails*; le grand vizir, les premiers dignitaires, les pachas, etc., en ont également, chacun suivant son rang, sa fortune, etc. Tous les princes musulmans de l'Orient ont des *sérails*. Le mot *harem* vient de l'arabe *haram*, lieu sacré, dont l'accès est défendu au vulgaire : on appelle *haram* la partie de territoire qui entoure le temple de la Mekke. Le *harem* est la portion du palais (*sérail*) qu'habitent les femmes musulmanes; c'est la résidence qui leur est exclusivement réservée, et dont nul ne peut franchir l'enceinte, constamment surveillée par de vigilants gardiens. Il est facile de déduire, du petit au grand, la véritable signification du mot *harem* : tout musulman, pour lequel la polygamie est loin d'être un cas pendable, peut donc avoir un *harem*; tandis qu'il faut être, sinon grand seigneur, au moins fort riche particulier, pour avoir un *sérail*, ce qui en outre n'impliquerait pas nécessairement l'idée de *harem*.

l'enfant n'est, à vrai dire, pour elles, ni une gêne ni un fardeau. La pauvre petite créature, attachée sur le dos de sa mère à l'aide d'un long morceau d'étoffe rouge ou bleue, semble se résigner à son sort. Si l'enfant pleure, ce qui du reste arrive rarement, la négresse, tout en travaillant accroupie par terre, le berce au refrain d'une chanson monotone ; l'enfant, balancé comme sur un navire, de l'avant à l'arrière, ne tarde guère à s'endormir. Les négresses ont une merveilleuse adresse pour franchir, avec leur précieux fardeau, les passages difficiles, et ne pas lui heurter la tête aux parois et aux angles des murs. L'enfant grandit ainsi, et sans qu'on ait, en quelque sorte, songé à lui un seul instant. Bientôt vient l'âge où l'on suppose qu'il pourra se tenir et marcher seul. Sa mère alors le dépose tout nu par terre, où il commence à se traîner, comme on dit, à quatre pattes ; mais quelques semaines après il a déjà acquis assez de force pour se dresser sur ses pieds, et le moment est proche où il va courir et gambader sans qu'il soit besoin désormais de s'occuper de lui en aucune façon. Il n'est pas rare de voir dans la même maison plusieurs négresses portant et élevant ainsi leur enfant sur leur dos. Régime excellent, il faut croire, puisque la mortalité est presque nulle parmi les enfants, qui, en outre, sont baignés dans la mer, à peu près en toute saison, ce qu'on a raison de regarder comme très-fortifiant sous tous les rapports.

Le travail d'une négresse consiste, en général, à laver le linge dans un baquet plat et carré, appelé *artesa;* à trier et à nettoyer le blé et à le moudre au moyen d'une meule à main qui existe dans chaque maison ; à passer la farine dans des tamis de divers calibres ; à pétrir le pain de la famille et à le porter sur sa tête, à l'aide d'une planchette, à l'un des fours publics ; à préparer le kouskoussou ; à panser et à traire les vaches ou les chèvres ; à soigner les enfants malades, et, lorsqu'ils sont en bonne santé, à se prêter à tous leurs caprices et à satisfaire tous leurs goûts.

Le consul de France eut parmi ses domestiques un jeune nègre nommé Abd-el-Kader, dont l'empereur avait fait cadeau, un an auparavant, à un docteur italien, qui le laissa à Mogador lors de son départ du Maroc. Le lendemain de son entrée au service, ce nègre s'échappa et ne reparut plus. On apprit qu'il avait quitté la ville, et qu'il était allé coucher près de la koubba d'un marabout, située à quelque distance de Mogador. Cinq ou six jours après, on vit arriver au consulat un certain Mohammed, jeune Maure envoyé en parlementaire par le fugitif. Celui-ci faisait donner pour motif et pour excuse de sa brusque évasion qu'étant descendu par hasard à la cuisine de la demeure consulaire, il avait remarqué qu'on tuait des pigeons en les étouffant et sans les saigner, et que sa religion lui défendait de manger de la viande préparée de cette manière. Du reste, il était disposé à revenir et à reprendre son poste, pourvu qu'on l'envoyât chercher par un soldat de la garde du pacha. On fit prier Ben-Douhed, commandant des troupes, de désigner un de ses hommes à cet effet. Quelques heures après, le nègre Abd-el-Kader rentrait au bercail, accompagné du soldat, auquel on donna deux onces pour son expédition. Abd-el-Kader reprit tranquillement son service; mais on eut soin de lui laisser désormais couper le cou à sa guise aux volailles destinées à sa nourriture[1].

Parmi les nombreuses superstitions qui règnent et règneront sans doute longtemps encore au Maroc, les indigènes en conservent quelques-unes qui seraient de nature à alarmer des populations plus versées dans la connaissance et la pratique de l'hygiène domestique. Ainsi, par exemple, à Mogador, les habitants, qui ont d'ailleurs, comme tous les musulmans, une sorte de respect pour les chats, se feraient scrupule de mettre à mort les chiens galeux; aussi voit-on vaguer par la

---

1. L'abatage des animaux destinés à l'alimentation est chose grave en Islam. Nul animal, bœuf, mouton, chameau, volaille, etc., etc., ne peut être livré à la consommation s'il n'a été saigné préalablement, puis immolé conformément à la loi. Voilà pourquoi les musulmans, religieux observateurs du Koran, ne mangent jamais de gibier tué à coups de fusil. La profession de foi (*chehada*) doit se faire avant l'égorgement, et l'on dit à haute voix : « Je t'immole dans le rite d'*Abou-Hanifa*, ou de *Malek*, » etc., suivant la *secte* (orthodoxe) à laquelle on appartient. Le choix de l'animal n'est pas chose moins importante; on prend de préférence l'animal entier; car, disent les *talebs* :

« L'entier est préférable au coupé;
Le coupé vaut mieux que la femelle. »

On trouvera, dans le *Grand Désert*, par M. le général Daumas, au paragraphe intitulé *la tuerie* (pages 155-56) de curieux détails à ce sujet; et, dans le même ouvrage (p. 326 et suiv.), une nomenclature des choses permises ou défendues. Partie des usages de l'espèce sont observés par les israélites du Maroc, de Tunis, de l'Algérie, etc.

ville quantité de ces animaux traînant leur lèpre immonde et vivant sur les immondices qui s'entassent dans tous les coins, et que le chef du service de la police paraît prendre assez peu de souci de faire enlever régulièrement. Cette commisération dangereuse repose, dit-on, sur la tradition (*sunna*) : on en fait honneur au prophète Mohammed, qui fit faire, par un autre, la prière publique à la mosquée, pour ne pas déranger un chat qui s'était endormi dans une des longues manches de sa robe. En revanche, on rencontre communément, dans les maisons un peu aisées, un quadrupède bien capable de faire diversion à l'impression de dégoût qu'occasionne l'aspect des chiens galeux : nous voulons parler de la gazelle. Ce charmant petit animal a trop exercé la verve des poëtes orientaux et donné matière à trop de récits hyperboliques de la part des voyageurs et des naturalistes, pour qu'il soit nécessaire de s'étendre ici de nouveau sur les avantages dont la nature a été si prodigue envers lui ; nous dirons seulement qu'à Mogador il semble avoir été réduit au plus complet état de domesticité, sans que, pour cela, il ait rien perdu de sa grâce, de sa finesse et de son élégance primitives : élevé en toute liberté, il bondit avec autant d'agilité que dans le désert ; il n'est ni craintif ni farouche, et s'apprivoise dès sa naissance ; en un mot, la beauté de ses formes et sa douceur en font tout à la fois l'ornement d'une maison et le compagnon ordinaire des jeux des enfants.

Un médecin français, notre compagnon de voyage, fut invité, un jour de *sabbat* (samedi), par un des agents de la police, à aller donner des soins à une jeune femme de la juiverie, que son mari, dans un accès de jalousie, avait frappée de plusieurs coups d'un instrument tranchant. Le docteur, peu rassuré, nous pria de l'accompagner, ce que nous fîmes volontiers. Arrivés chez la malade, nous trouvâmes la maison remplie d'une foule de gens se disputant et criant à briser les vitres. Nous eûmes toute la peine du monde à faire évacuer les lieux ; après quoi le docteur fit son métier, rassura la malade, que tout ce tapage n'avait pas peu contribué à incommoder, puis il pansa ses blessures, qui heureusement n'étaient pas graves.

En revenant, nous rencontrâmes un officier français dans le quartier juif, le capitaine ****, qui, trompé par les promesses de Ben-Achach, dernier ambassadeur du Maroc à Paris, s'était rendu à Mogador dans l'espoir d'y être employé comme instructeur des troupes marocaines. Il serait impossible d'expliquer le motif pour lequel le ministre Ben-Dreïs refusa les services du capitaine, qui est un officier instruit et de bonne famille. Il portait, ce jour-là, le costume d'officier de hussards, et il était escorté de deux soldats marocains, écartant à coups de bâton la foule des enfants qui le suivaient. Nous nous joignîmes à lui, et nous parcourûmes ensemble les diverses rues de la juiverie. Nous fûmes bientôt assaillis par une bande de curieux, comme le seraient des Marocains se promenant dans les rues d'une ville de France. L'uniforme et le grand sabre du capitaine, ainsi que la présence des deux soldats armés, épouvantèrent plus d'une jolie juive. Aussi, jetâmes-nous la terreur et la consternation dans une maison où nous entrâmes, assez brusquement il est vrai, pour nous soustraire aux manifestations bruyantes dont nous étions l'objet, et mîmes-nous en fuite deux jeunes femmes juives, qui se figuraient que nous venions les enlever. Force nous fut de sortir presque immédiatement, pour ne point alarmer cette famille. Le docteur, qui donnait ses soins à un homme du logis, nous y ramena une demi-heure après. Nous trouvâmes les femmes encore pâles et tremblantes, qui se cachaient derrière leur mère. On parvint cependant à leur faire comprendre que nous n'étions pas venus dans l'intention de renouveler les scènes de violence dont les Arabes s'étaient rendus coupables, pendant les quarante jours qui suivirent le bombardement de la ville par l'escadre française. Cette assurance put à peine leur rendre un peu de calme, et ne les empêcha pas de nous baiser plusieurs fois les mains en signe de crainte et de respect. La conversation s'engagea, lorsque le juif auquel le docteur avait remis un ongle arraché à la main droite, entra tout à coup dans la chambre, et, pour remercier le *tebib* (médecin), se précipita aux pieds de celui-ci, qu'il embrassa avec effusion : la gratitude du pauvre diable se traduisit par des mouvements si rapides, qu'on n'eut pas le temps d'en ralentir ni d'en modérer l'expression.

Les juifs, à Mogador, sont religieux observateurs de la loi d'Israël. Le samedi ou jour du sabbat, aucun d'eux ne se permettrait de toucher le feu; les jeunes gens mêmes, ce jour-là, s'abstiennent de fumer, car fumer c'est toucher le feu. La condition privée des femmes israélites a beaucoup d'analogie avec celle des maures. La femme juive sort rarement, et reste toute la journée accroupie sur des coussins ou étendue sur un tapis, une natte, des peaux de mouton ou d'autres animaux. Elle occupe, pendant le jour, une chambre séparée de celle de son mari, et c'est là qu'elle reçoit les quelques visites de ses parents et de ses voisines. Les hommes mangent ensemble et les premiers; les restes du repas sont envoyés aux femmes. On le voit, la femme juive est à peu près réduite à la condition d'ilote, et, de même que la femme arabe, elle craint son mari comme un esclave redoute son maître.

Un jour, notre docteur fut mandé par le général Ben-Douhed pour aller voir le père de celui-ci, malade depuis quelque temps. Nous l'accompagnâmes comme d'habitude, afin de lui servir d'interprètes. Arrivés chez le général, on nous introduisit dans une chambre où nous trouvâmes deux jeunes Maures assis sur des tapis, à la façon orientale. Nous prîmes place, de la même manière, autour d'une petite table ronde haute de quelques pouces, sur laquelle un esclave noir servit immédiatement du thé, du beurre frais, un melon d'eau, du miel et des gâteaux. Dans un coin de cette chambre nous remarquâmes divers objets suspendus au mur, entre autres une magnifique selle arabe, en velours vert, brodée d'or, plusieurs paires d'étriers en argent massif, deux longs fusils richement damasquinés, un yataghan, des poignards enrichis de pierreries, des pistolets de divers modèles; en un mot, une panoplie plus que complète et dont la valeur devait être considérable : c'était, du reste, l'unique ornement de cette chambre, nue comme des murs d'église. Pendant que nous prenions le thé silencieusement, un autre esclave alla prévenir le père du général de notre arrivée, et prendre les dispositions nécessaires pour faire retirer les femmes et même les enfants. On nous conduisit par un corridor étroit et sombre, et un escalier dont chaque marche avait certes plus de douze pouces d'élévation, dans une cour intérieure, carrée, et entourée sur chaque face d'une galerie à arceaux moresques soutenus par des colonnes torses en marbre blanc. Dans une chambre longue et obscure de cette espèce de rez-de-chaussée, divisée en deux au moyen d'une pièce d'étoffe blanche en cotonnade, étendue sur un roseau et formant alcôve, le père du général, vieillard de quatre-vingts ans, grelottait la fièvre depuis plusieurs jours; il était accroupi sur un matelas, les coudes appuyés sur les genoux, la tête entre les mains, position habituelle aux malades de l'espèce, fit observer le docteur. Celui-ci ayant demandé quelques renseignements sur l'état du moribond, une jeune esclave de quatorze à seize ans fut appelée et répondit à toutes les questions, en se prosternant, à chaque réponse, devant le général, présent à la consultation, et en portant les mains à ses pieds. Le malade mourut dans la soirée du même jour.

L'administration des provinces du Maroc et la direction de toutes les affaires étaient entièrement abandonnées par l'empereur Abd-er-Rahman à son premier ministre Ben-Dreïs (mort aujourd'hui). L'empereur accordait, dit-on, très-rarement des audiences, contrairement aux usages établis à ce sujet dans l'empire, et vivait renfermé dans son immense sérail. On a prétendu (exagération ordinaire aux Arabes) qu'il avait neuf cents femmes (plus ou moins que le roi Salomon?), des noires, des jaunes, des rouges, des blanches, etc., un régiment d'eunuques pour les garder, etc., etc. S'il en fut ainsi, le malheureux monarque eut sans doute fort à faire, et dut assurément être aussi à plaindre que l'avare qui couche sur son trésor.

Le commerce de Mogador se fait par l'entremise d'une douzaine de négociants de différents pays. Les principaux étaient, à l'époque où nous sommes placés, le vice-consul d'Angleterre, fort hospitalier pour tous les Européens, et en particulier pour les Français; un Israélite originaire de Gibraltar, faisant le commerce des cuirs, des gommes et des plumes d'autruche; l'agent consulaire de Sardaigne, marchand de peaux de chèvres brutes; l'interprète du consulat de France, laveur et marchand de laines; quatre ou cinq autres négociants de la ville, et quatre riches négociants maures de Tétuan, qui, sur l'ordre de l'empereur, ont dû quitter leurs premiers établissements pour venir en fonder de nouveaux à Mogador.

Depuis le bombardement de 1844, le commerce est plus que languissant, ce qu'il faut attribuer surtout aux droits énormes qui pèsent sur l'exportation comme sur l'importation. L'exportation consiste principalement en peaux de chèvres brutes et en cuirs tannés de toute sorte, notamment les maroquins, célèbres dans tout l'univers; en gomme arabique, sandaraque, plumes d'autruche, cire, laines, cuivre, olives, dattes, figues, raisins, huiles, dents d'éléphant, tapis, nattes, etc. Ces produits sont échangés contre des bois de construction (dont le pays manque absolument), de la poudre à feu, du plomb, des canons, des armes de guerre, des draps, des toiles et autres tissus, du fer en barres, de la quincaillerie, des miroirs, des tabatières, des montres, de la coutellerie, des épices, du thé, du café, du sucre, etc., etc. Il s'y fait également un commerce actif de mules et mulets, encore plus pour l'Amérique (méridionale) que pour l'Espagne.

Telle était Mogador ou Soueïra vers le milieu de l'année 1859[1]. La position de cette ville, à portée des quatre plus riches provinces de l'empire, sa proximité de la capitale (178 kilom. S. O. de Maroc), son port, qui, bien que petit et peu sûr en hiver, offre aux navires la liberté d'entrée et de sortie par tous les vents et en toute saison, pourraient en faire un point maritime d'occupation important sous le rapport des transactions commerciales d'importation et d'exportation, si l'état de barbarie dans lequel croupit cette malheureuse contrée, joint aux impôts énormes dont un pouvoir arbitraire écrase les négociants, ne devait arrêter pour longtemps encore, sans doute, l'élan de son commerce et de son industrie.

Paul-Eugène BACHE,
Membre de la Société archéologique de Constantine
et de la Société historique algérienne.

---

1. La *Géographie universelle de Malte-Brun*, entièrement refondue par M. E. Cortambert, fournit (t. V, p. 1 à 129, grand in-8, Paris, 1859) d'amples renseignements sur les anciens États barbaresques, et notamment sur le Maroc. — On consultera avec fruit un ouvrage trop peu connu, même en Afrique, oublié ou dédaigné bien à tort, les *Recherches historiques sur les Maures*, par M. de Chénier père (in-8, Paris, 1787). Mais nous préférons encore le *Voyage dans l'empire de Maroc*, fait pendant les années 1789 et 1790, par le docteur anglais G. Lemprière. L'unique traduction française que nous ayons de cet ouvrage, écrit en anglais, sans nom d'imprimeur et portant le millésime de l'an IX (1801, Paris. 1 vol. in-8) est d'un M. de Sainte-Suzanne. Cet excellent livre, accompagné d'une carte géographique dressée, dit la légende, d'après les notions recueillies par la *Société d'Afrique*, est divisé en quatorze chapitres, plus intéressants les uns que les autres. On trouvera, chap. III, p. 65 et suiv., une description de Mogador, qui n'a pas vieilli, et ailleurs (chap. VIII, p. 154 et suiv.) de curieux détails sur les juifs, etc., etc.

PARIS. — IMPRIMERIE DE CH. LAHURE ET Cie
Rues de Fleurus, 9, et de l'Ouest, 21.

www.ingramcontent.com/pod-product-compliance
Lightning Source LLC
Chambersburg PA
CBHW070527050426
42451CB00013B/2895